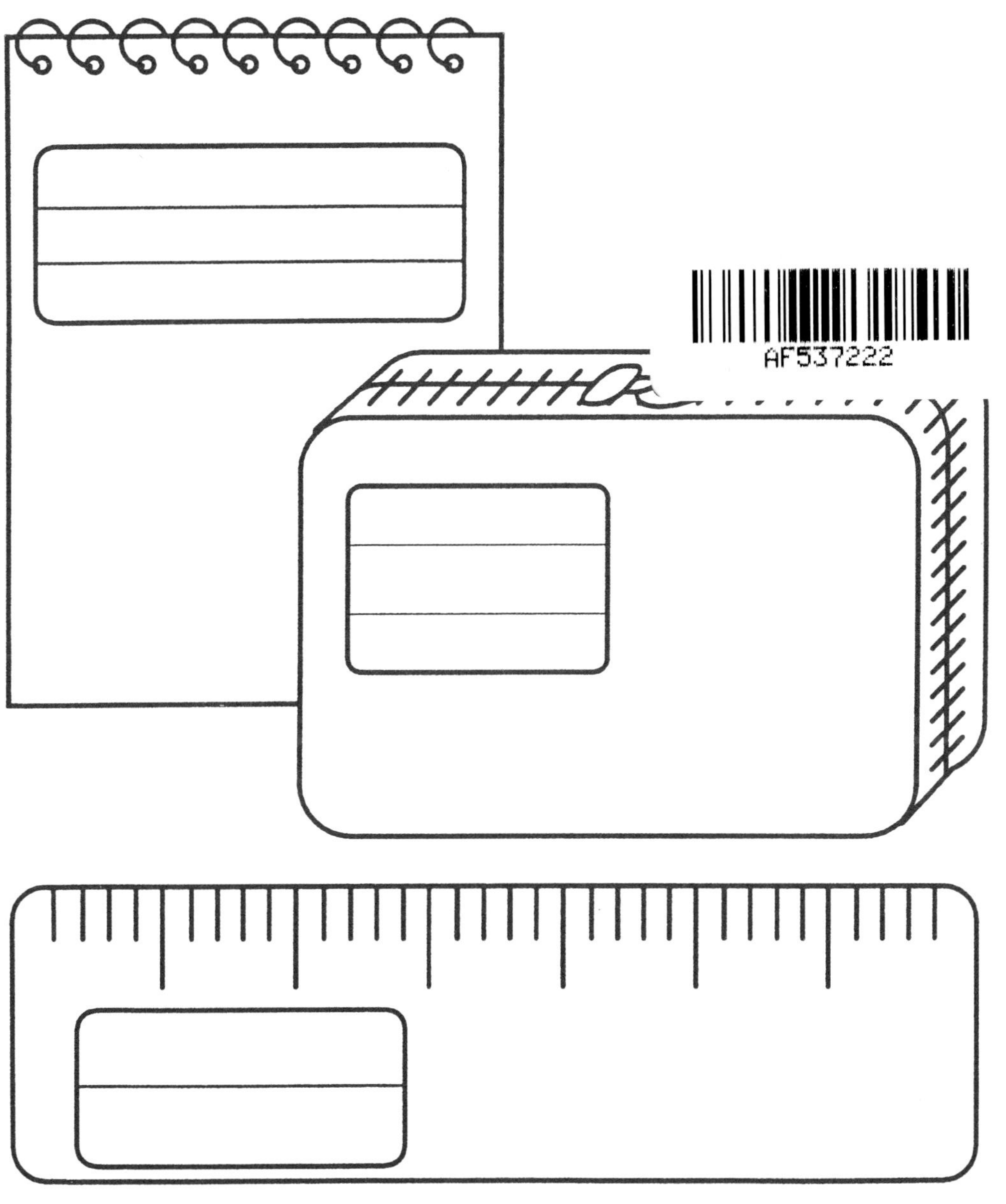

Alle Schulsachen gehören dir.
Schreibe deinen Namen darauf.

Male alle Käfer mit 2 Punkten rot aus,
mit 4 Punkten grün und
mit 6 Punkten gelb.

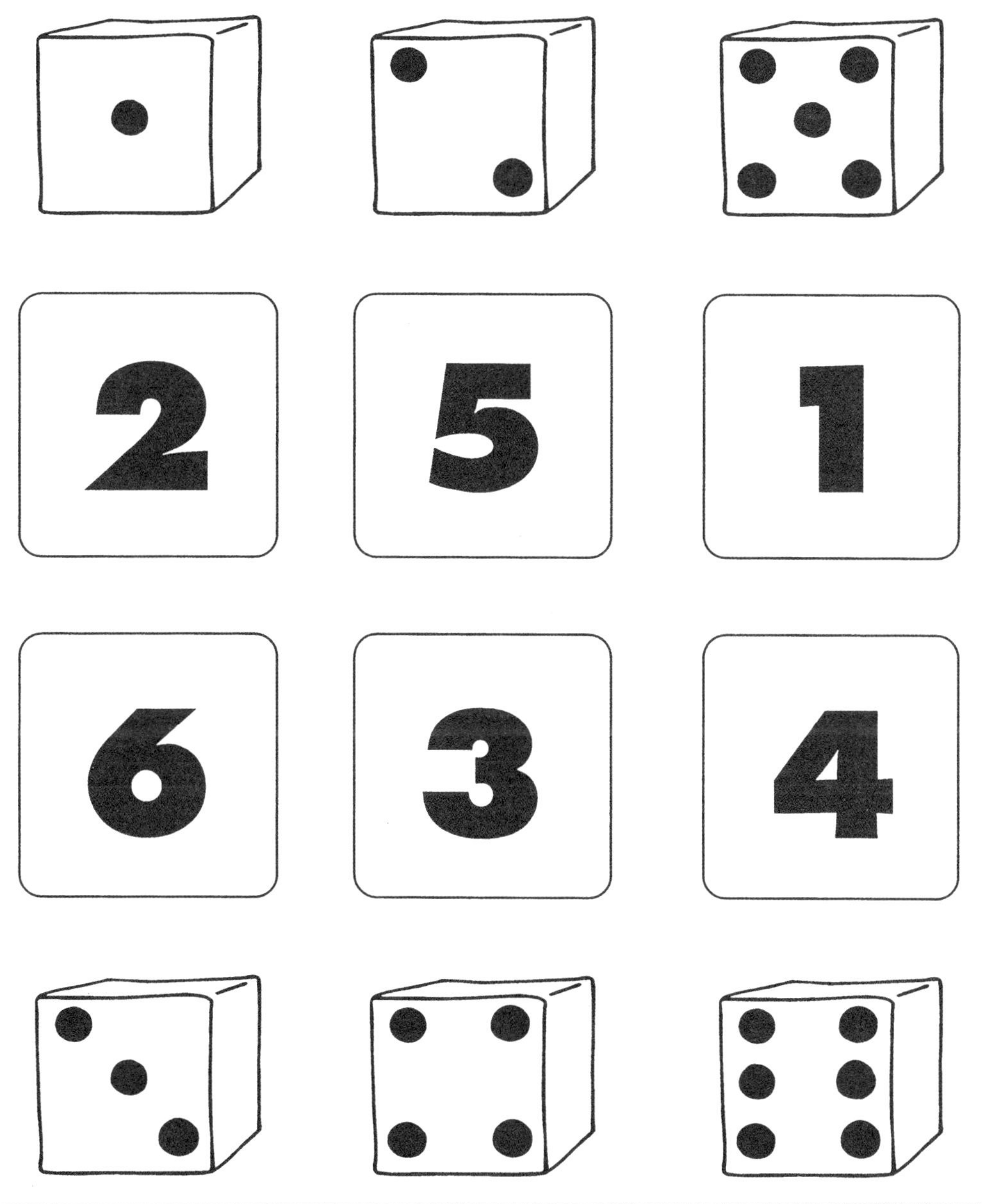

Was gehört zusammen?
Verbinde jeden Würfel mit der richtigen Zahl.

Male immer so viele Dinge an,
wie die Zahl im kleinen Kästchen angibt.

Gleich viele? Verbinde jeweils zwei Kästen mit der gleichen Anzahl von Dingen.

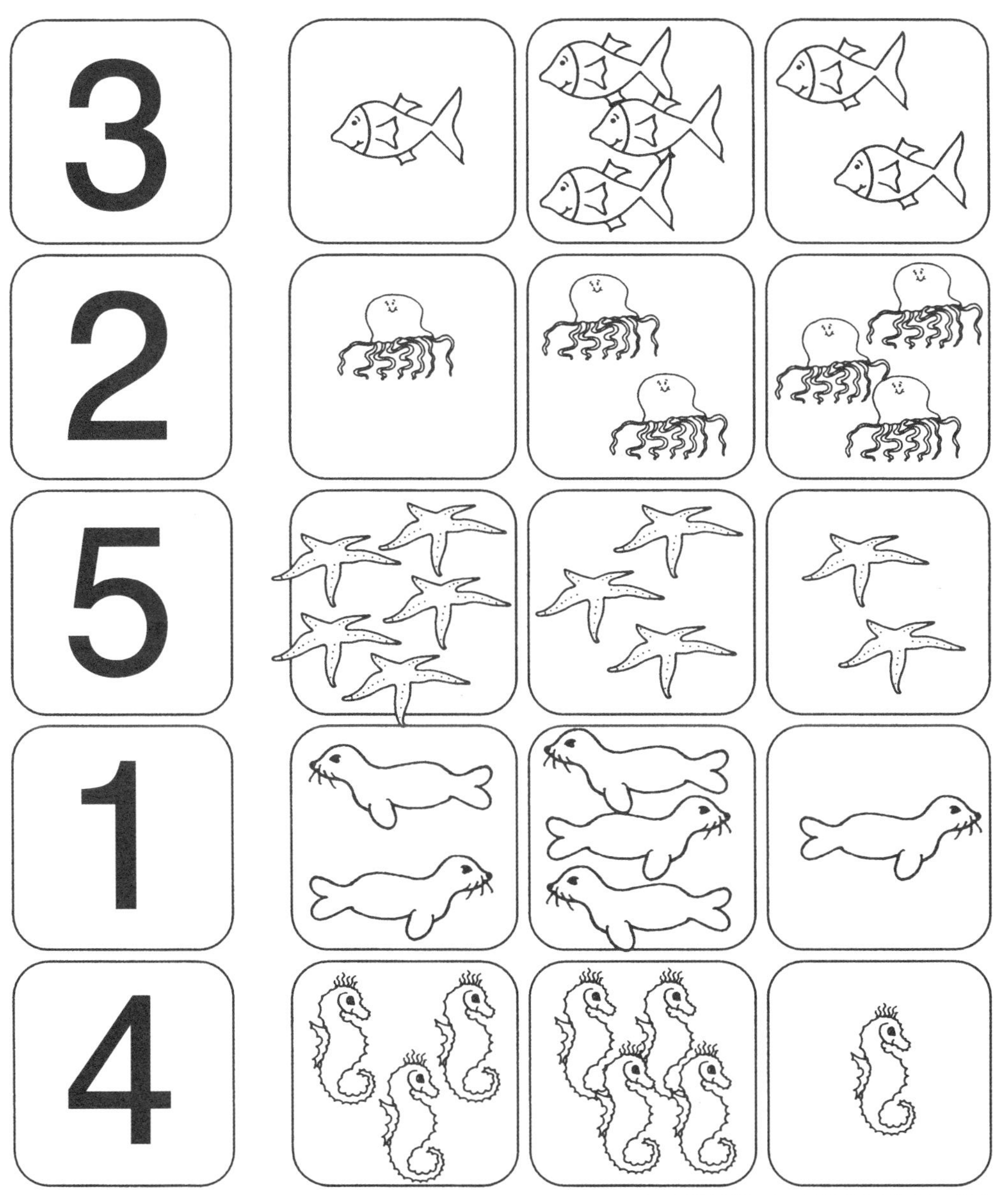

Welches Bild passt zur Zahl?
Male es aus!

Wie geht es weiter? Male die richtige Punktzahl auf den leeren Dominostein.
Du musst immer die gleiche Anzahl anlegen können.

Zähle die Tiere in jedem Kästchen
und kreise die richtige Zahl ein.

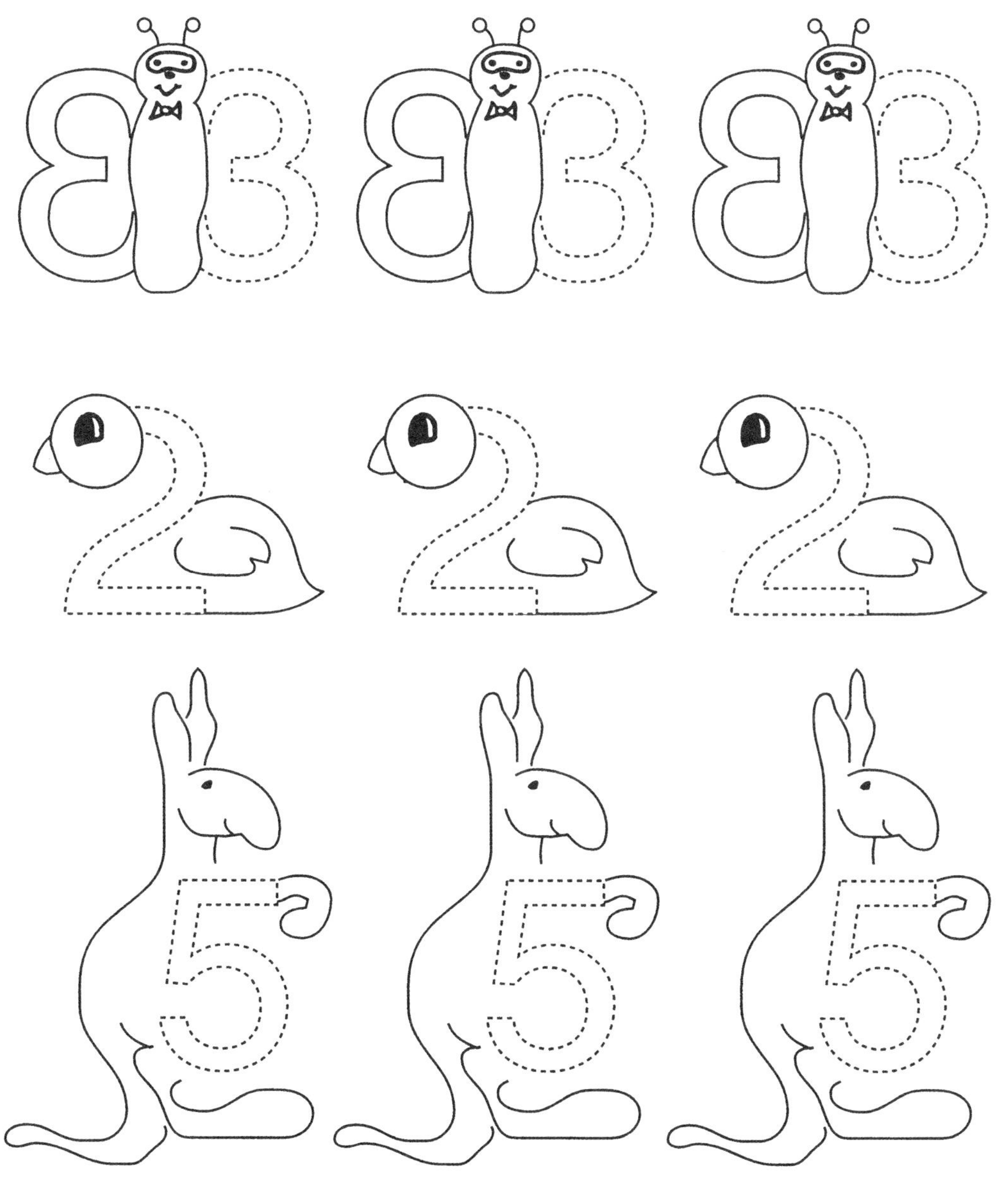

Übe dich im Zahlenschreiben!

Wie viele Pflanzen siehst du?
Kreise die richtige Zahl ein.

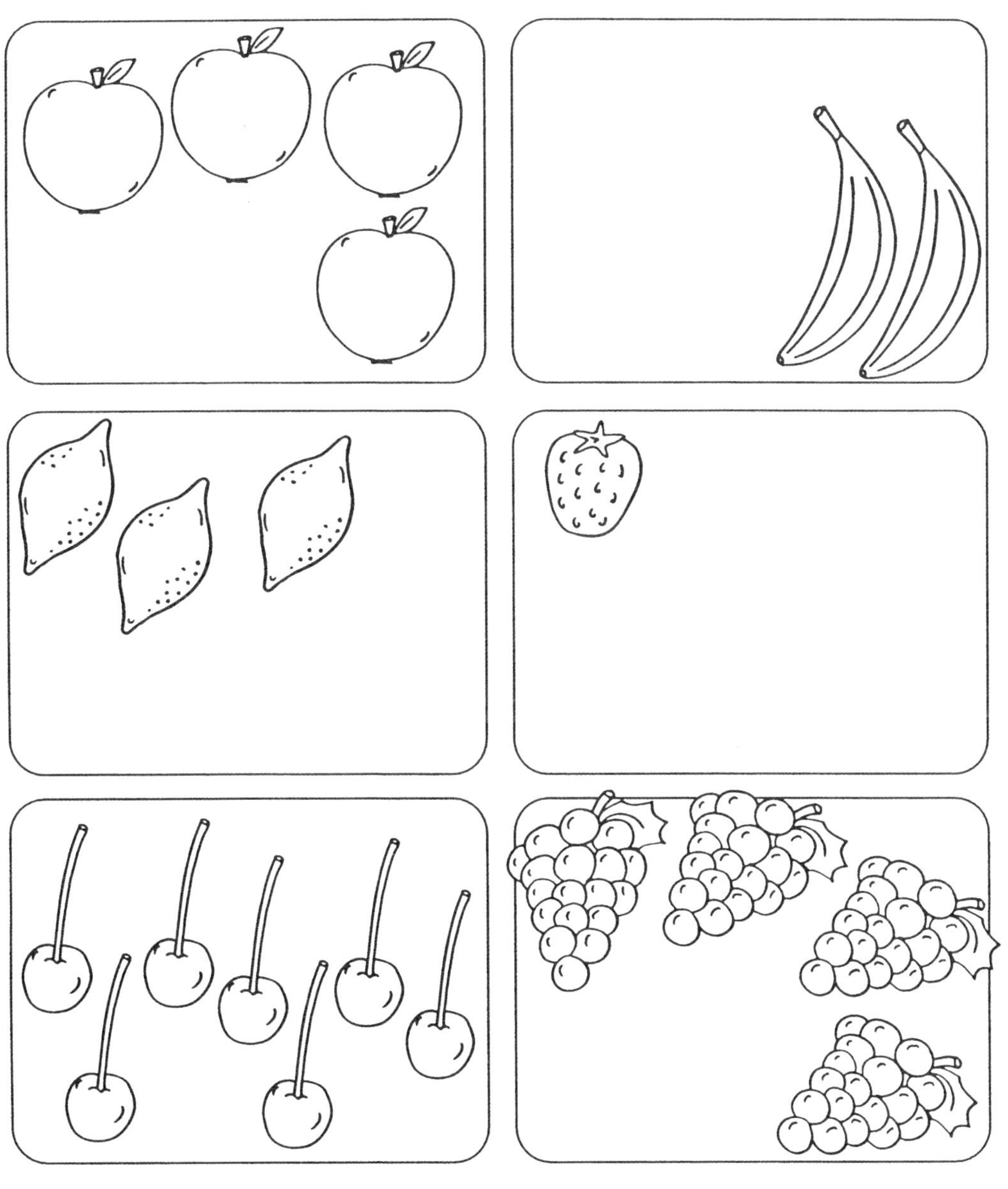

Immer 5!

Male dazu oder streiche weg, damit es stimmt.

Lösung: 2 / 4 / 4 / 2, 4

Weißt du, welche Zahlen fehlen?
Ergänze!

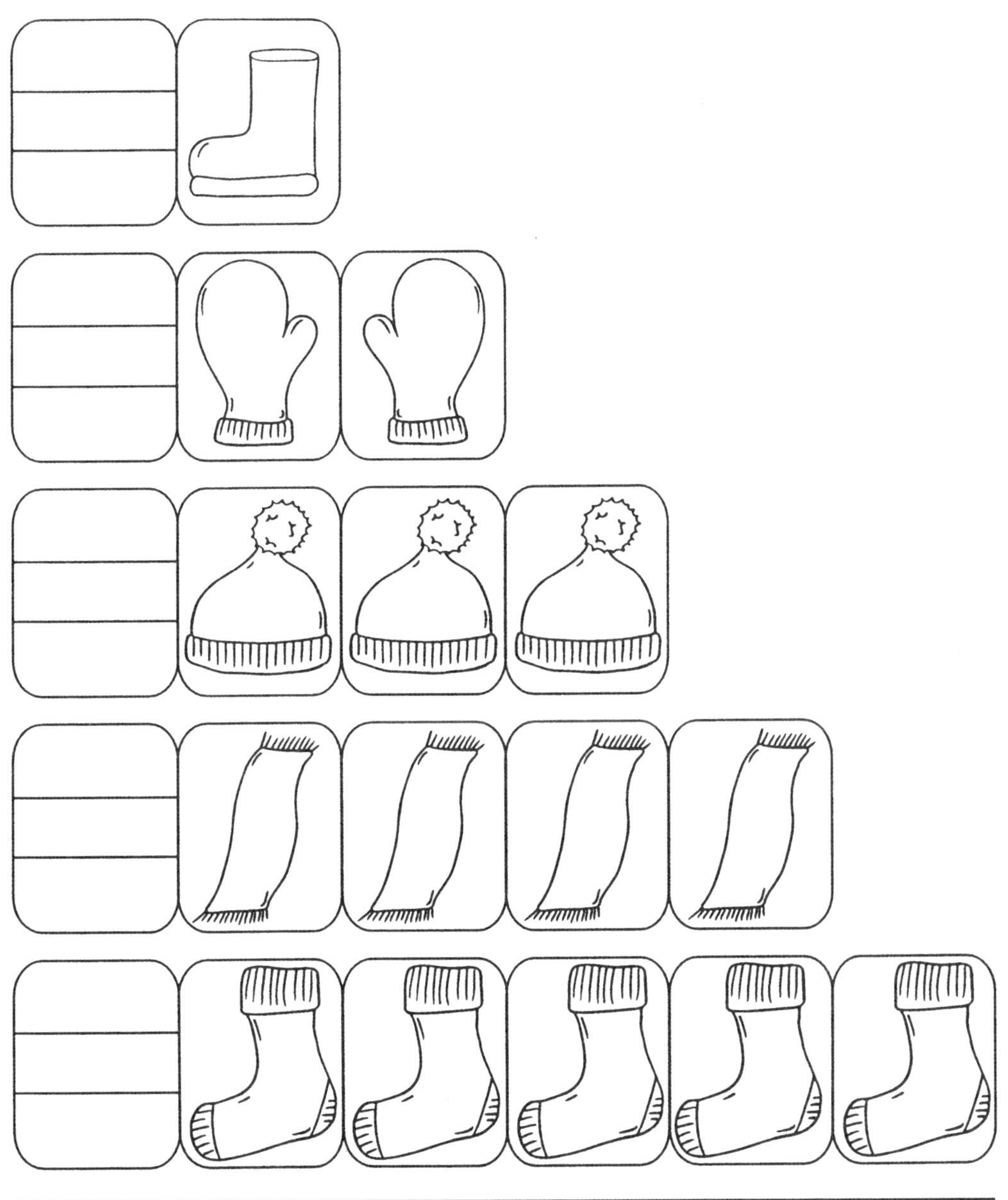

Zähle von 1 bis 5.
Schreibe die richtige Zahl vor die Bilder.

Zähle die Punkte auf den Steinen zusammen.
Schreibe die Zahl in das Kästchen.

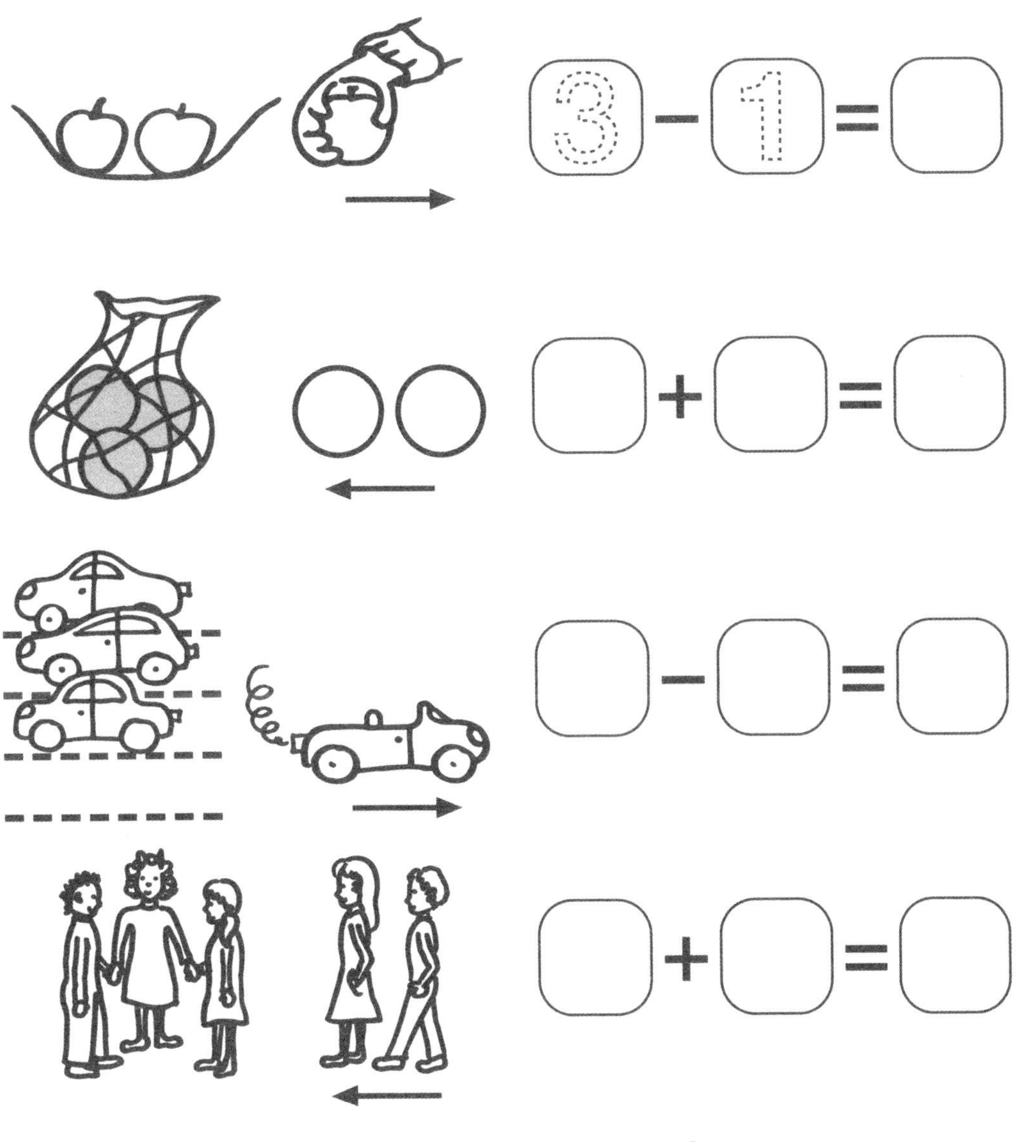

Lösungen: 3 – 1 = 2, 3 + 2 = 5, 4 – 1 = 3, 3 + 2 = 5

Denke dir Rechenaufgaben zu den Bildern aus.
Schreibe die Zahlen in die Kästchen.

Wie viele Dinge zählst du in jedem Kästchen?
Kreuze die richtige Zahl an.

Zähle die Dinge in jeder Reihe.
Schreibe die richtige Zahl daneben.

Kennst du die Uhr?
Schreibe die richtige Zeit daneben.

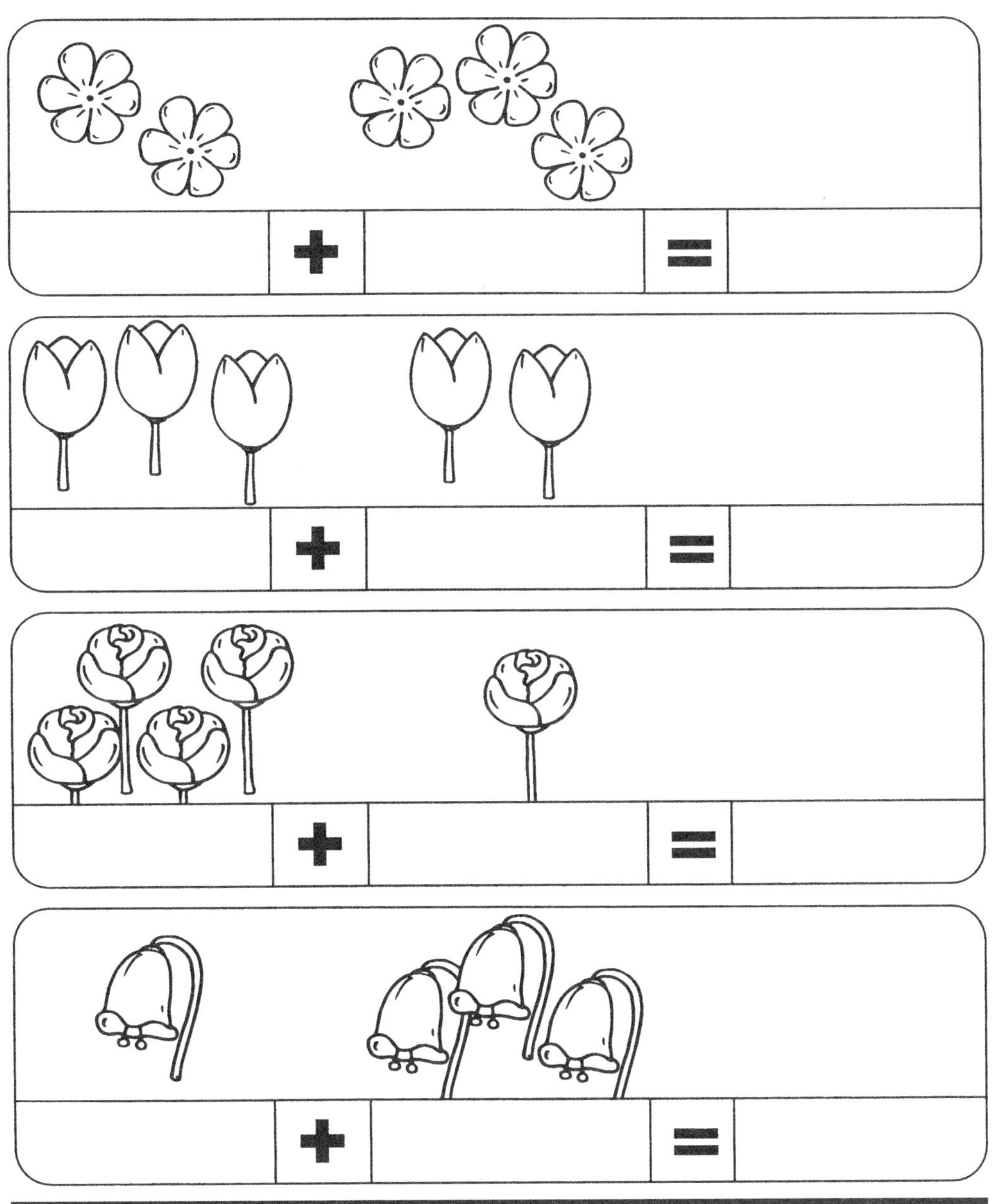

Finde zu jedem Bild die passende Aufgabe
und schreibe das Ergebnis auf.

Lösung: 2, 6, 6, 5

Die Mäuse wollen sich der Reihe nach aufstellen.
Welche Zahl fehlt in jeder Reihe? Ergänze!

Lösungen: 4, 7, 9, 6, 5, 6, 10

Der Zahlenfresser hat Hunger gehabt.
Welche Zahl hat ihm in jeder Reihe geschmeckt?
Schreibe sie in das leere Kästchen.

Es gibt immer zwei Wörter, die mit dem
gleichen Buchstaben beginnen. Verbinde sie!

Welche Farbe haben die Dinge?
Male jeden Anfangsbuchstaben in genau dieser Farbe aus.

Sage laut die Namen dieser Dinge.
Welche Wörter beginnen mit B?
Male die richtigen Bilder bunt aus.

So lernst du schreiben:
Spure nach!

Immer zwei Zeichen sind gleich.
Suche sie und male sie aus!

Immer drei Dinge in einem Bild fangen
mit dem gleichen Buchstaben an.
Was passt nicht dazu? Streiche es durch!

Welche Farbe haben die Dinge?
Male jeden Anfangsbuchstaben in genau dieser Farbe aus.

Lösung: A, Blume / W, Dose / L, Dackel

Vier der Dinge beginnen mit dem gleichen Buchstaben.
Finde ihn heraus! Welches Bild passt nicht dazu?

Falsche Bilder: Sonne, Baum, Vase, Buch

Sage laut die Namen dieser Dinge.
Welche Wörter beginnen mit Sch?
Male die richtigen Bilder aus! Was passt nicht dazu?

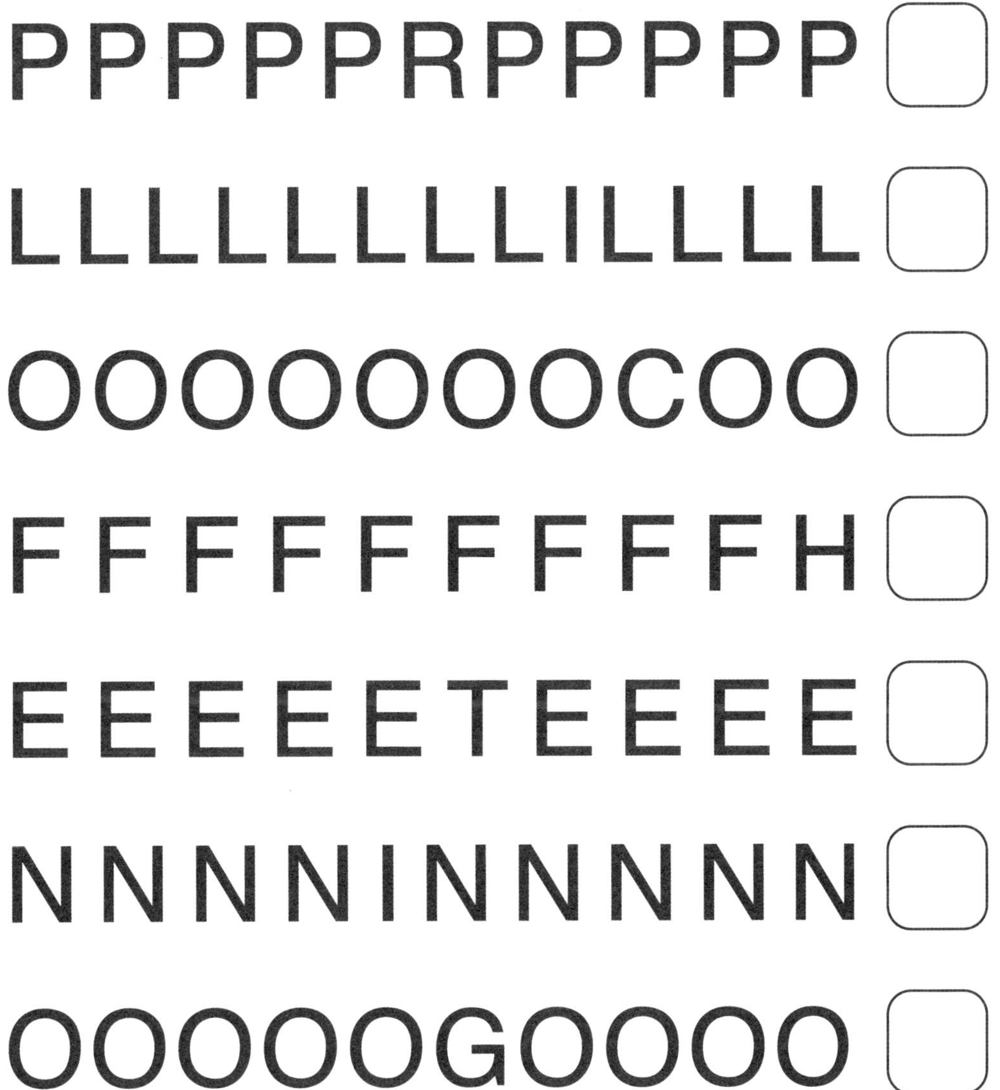

Lösung: RICHTIG

In jeder Reihe passt ein Buchstabe nicht dazu.
Schreibe ihn in das Kästchen dahinter.
Welches Wort kannst du von oben nach unten lesen?

Wo hörst du das M: vorne, in der Mitte oder hinten?
Kreuze richtig an!

Falsches Bild: Spiegel

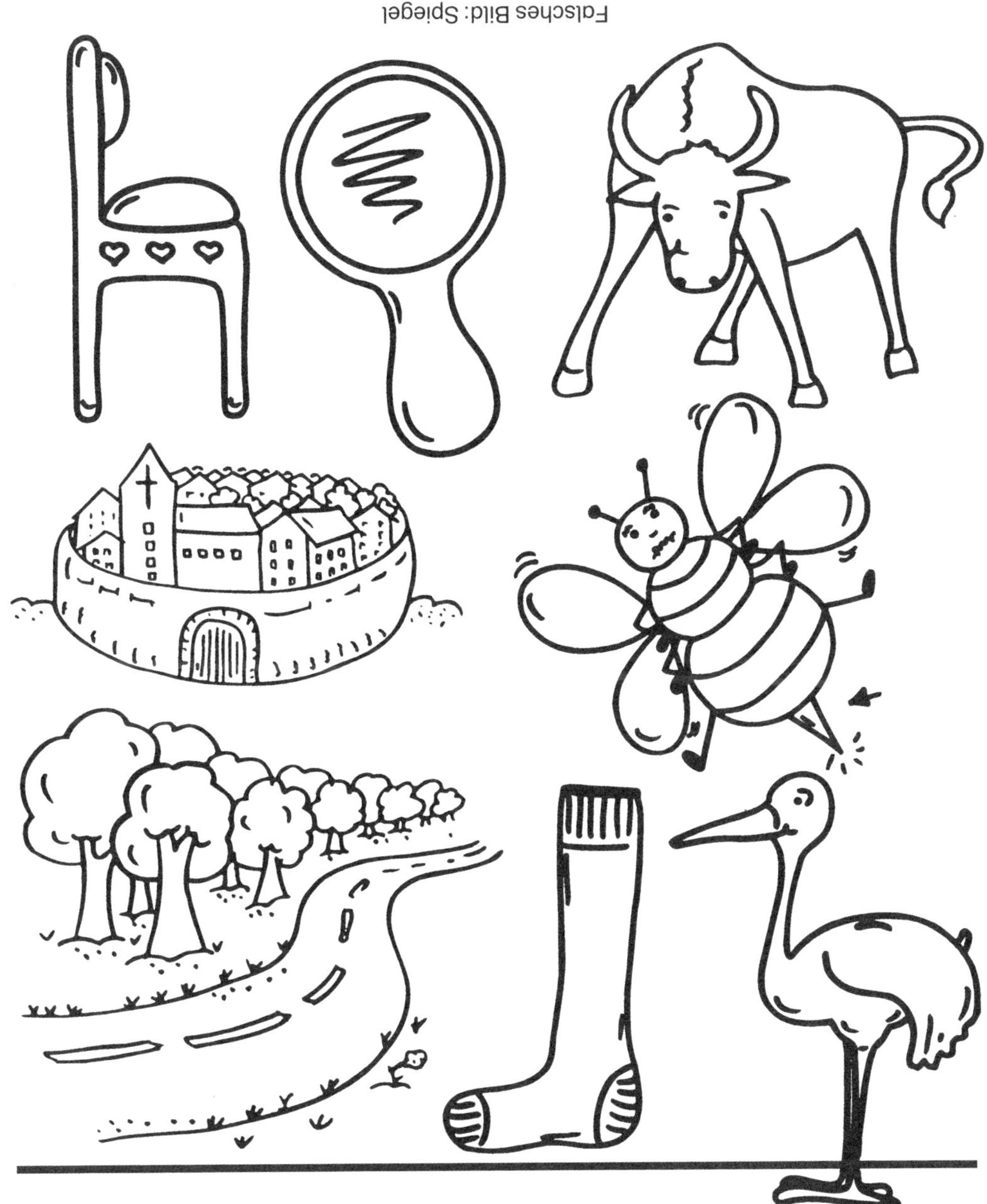

Sage laut die Namen dieser Dinge.
In welchen Wörtern hörst du ein St/st?
Male die richtigen Bilder bunt aus. Was passt nicht dazu?

Wem gehören diese Hefte?
Schreibe die Namen darauf.

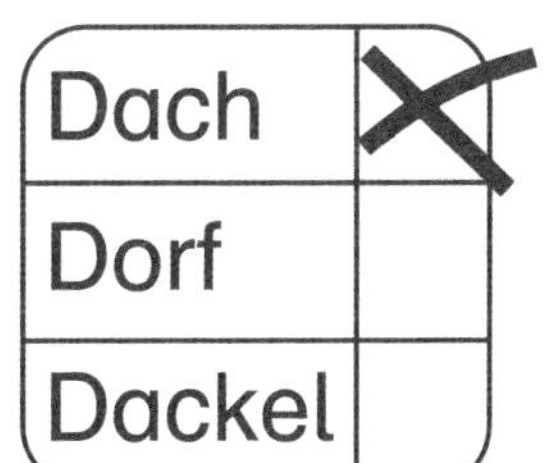

Limo
Lampe
Lotto

Zaun
Zettel
Zeiger

Milch
Mappe
Mantel

Esel
Eimer
Euter

Welches Wort passt zum Bild?
Kreuze an!

Was gibt es zum Frühstück?
Schreibe die Namen nach.

Weißt du, wie die Tiere heißen? Suche ihren Namen im Buchstabenkasten und kreise ihn ein.

Welche Geräusche machen diese Fahrzeuge?
Schreibe nach.

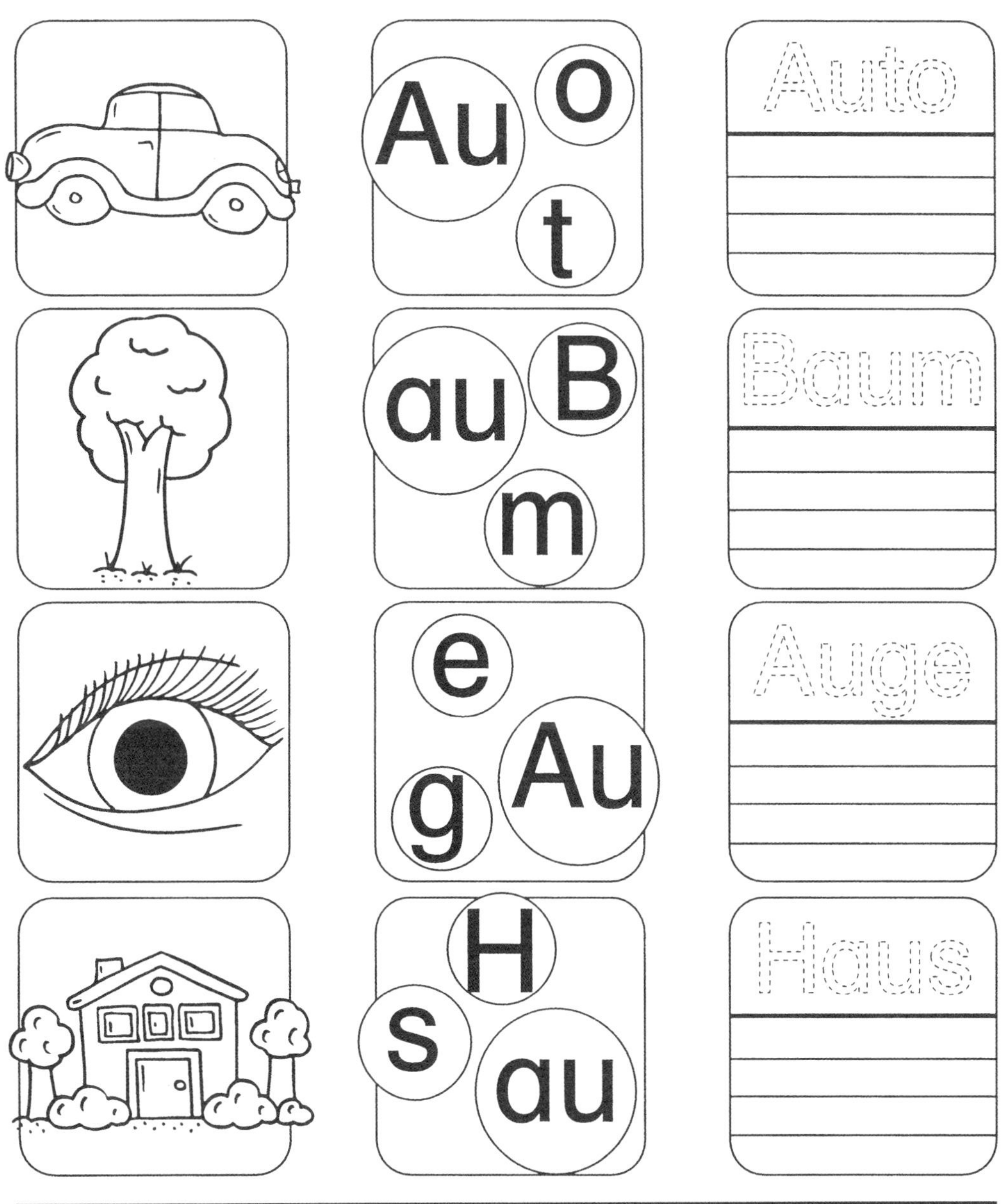

Wörter mit Au/au:
Kannst du sie schon selbst schreiben?

Nimm deinen Zauberstift und male Zaubermuster in den Zauberhut und in den Zaubermantel.